＊この本に登場する料理はすべて、白洲次郎・正子夫妻の長女である著者、牧山桂子氏によるものです。

＊それぞれの料理に付した⚜は、牧山桂子氏による、白洲家での作り方の手順です。味つけなどは、各家庭でそれぞれ異なるかと思いますが、ご家庭で作られる際のヒントになれば幸いです。

⚜は、料理に使った器やテーブルクロスなどについての説明です。

上／鶴川の白洲邸にて。左から次郎さん、秩父宮妃、正子さん、筆者と長男の龍太さん
次頁／正子さん手書きの料理レシピより
本扉頁／欧州への船上にてくつろぐ白洲次郎・正子夫妻（右中央）

目次

白洲次郎・正子の食卓

牧山桂子

写真・野中昭夫

新潮社

白洲次郎・正子の食卓

牧山桂子

写真・野中昭夫

Cliffords Tea Cakes -
c. Butter 2 C. Brown
eggs - well beaten.
1/2 c flour 1 t. Bakin
2 t salt. 1 C. Broken n
t Vanilla

新春

白洲家のお正月は、正子さんの実家、樺山家にならって、車えびのお雑煮が定番。

次郎さんは、おせちのお重に入れる小さな器を作るために、毎年庭から竹を一本、切り出しました。

旧白洲邸武相荘の新春。玄関前の門松

お雑煮に使う車えび。軒先に吊るして干しえびにする

お雑煮

私は母の実家の樺山の家でお雑煮を食べたことがなく、母もまたどういう訳か、この車えびのお雑煮のことは一度も話してくれたことはありませんでした。
私が樺山の家でこのお雑煮の話を聞き、ある時母に尋ねたところ、母の頭の隅に寝ていた記憶が突然目を覚ましたのでしょう、堰を切ったように車えびの話をしはじめ、十二月に入っていたその日その場で電話に飛びつき、車えびの手配を終えたのでした。
その時より、お雑煮の定番となりました。鴨肉のお雑煮は、車えびのお雑煮と交代でお正月の食卓にあがっていました。

干し車えびと昆布を、前日から水に漬けておく。そのまま火にかけ、酒、薄口醤油で味をつける。焼いたおもちと切り三つ葉を入れる。
鴨肉のお雑煮は、昆布だしに酒、薄口醤油で味をつける。薄切りにした鴨肉を入れ、さっと煮る。おもちと小松菜を入れる。

車えびのお雑煮の椀は、黒田辰秋作、金箔椀。前頁の鴨肉のお雑煮は、黒田辰秋作、溜塗椀。

おせち

何だかんだと言いながら、私が作ることになってしまったおせちです。内容は、年によってちょこちょこと変わっていました。父は大晦日になると庭に出て、お重に入れるほんの小さな竹の器のために、一本の竹を切るのでした。母は父にねだって黒田辰秋さんのお重を手に入れ、関野晃平さんの螺鈿の赤いお重とともに用い、黒と赤の対比を楽しんでおりました。

ぶり塩焼き、うずらのおだんご、菊花蕪、卵焼き、いくら、鴨ロース、きんぴらごぼう、黒豆、寒天よせ、からすみ、このわた、田作り、お煮しめ、かまぼこ、かきなどを詰める。かきは、乾煎《からい》りして水が出たら、オイスターソースで水分がなくなるまで煮たもの。

10頁の手前左と11頁の赤のお重は、関野晃平作、螺鈿お重。10頁手前右と12～13頁の黒のお重は、黒田辰秋作、溜塗重箱。みかん（10頁）は、時代籠に入れる。

お正月に大活躍する、白洲家
の卵焼きパン。だいぶ年季が
入ってきた

薩摩汁

母の実家の樺山の家で、正月に必ず作っていたという薩摩汁です。私はお正月に樺山の家に行ったことがないのでよくわからないのですが、母はよく薩摩汁の話をしておりました。祖父の髭に汁がついて、いつ落ちるかと凝視していたというような他愛ない話でしたが、彼女の幼い日々の思い出が、たくさん詰っているように感じました。どういうわけか、先に汁がなくなってしまうので、スープは別に鶏ガラで取っておいたそうです。

鶏一羽をぶつ切りにし、水に入れ、火にかける。汁が澄んできたら、こんにゃく、大根、にんじん、おあげ、牛蒡を入れて煮る。煮えたらみそを溶き入れ、ねぎと豆腐を入れ、食べる時に三つ葉を散らす。辛子を添える。辛子を入れるのが鹿児島風でしょうか。

囲炉裏の火にかけた鍋は、打出し銅鍋《あかなべ》。小鉢は、中村幸一郎作。

苺のショートケーキ

お正月には欠かせなかったショートケーキです。

スポンジケーキは、厚く焼くと時間がかかるので、薄く焼き、二段にして、苺と生クリームで飾る。

牧山圭男作、染付長皿。

陶の小さなティーセットは、筆者の幼い頃の
おままごと道具（130頁〜の「あれが食べた
い、これが食べたい」参照）

春

雪の翌朝、地面からふきのとうが顔をのぞかせると、
武相荘の春の始まりです。
庭の竹林に生えてきた筍を焼き、
京都から届く大きなぐじを味わうのも、この季節の恒例です。

3月〜4月、武相荘の庭に咲く水仙

母屋の茅葺き屋根越しに、桜を眺める

筍の焼いたの

武相荘の庭の竹林

鶴川のあたりでは筍を焼いて食べるという習慣はありませんでした。檀一雄さんが、竹林に生えている筍の周りを掘って炭火を入れて焼くとおいしい、とどこかに書いておられました。でもこの調理の欠点は、その筍の周囲何メートルかは竹が枯れてしまうことだそうです。それでも食べてみたいと思い、父に提案してみると、竹が枯れてしまうなどとんでもないとのこと。それを聞いていた母は、竹を犠牲にしても食べてみたい様子でした。ふと思いついて炭火で焼いてみました。おいしい！

皮つきのまま、筍を網にのせて、炭火でじっくり焼く。

武相荘の囲炉裏の炭火にて、網焼きにする。

山椒鍋

柳孝氏（中央）らと山椒鍋を囲む

ある日のこと、京都の骨董商の柳孝さんが母のために「鶏の山椒鍋」を持って来てくださいました。この鍋の特徴は、山のように山椒の花の蕾を入れることなのですが、鶴川の家にはそんなにたくさん花の咲く山椒の木はありません。時々食べたいと言った母のために、葉で代用して作っていましたが、ある年あまりたくさん葉を摘んでしまったせいか、山椒の木が一本枯れてしまいました。

⚜鶏肉、山のような山椒の葉、豆腐、湯葉、筍、はす、麩を昆布だしで煮る。ポン酢で食べる。

⚜福森雅武作の土鍋と、伊万里染付向付など。武相荘の囲炉裏にて。

ちらしずし

お昼、ちょっとしたお客様の時に作っていたちらしずしです。時折朝、母から猫なで声で「トゥーラちゃん、ちらしずし」と電話がありました（トゥーラは筆者の愛称）。吉兆の湯木貞一さんのお料理の本に、〝すしの素〟を作って用意しておくと、いつでもちらしずしができると書いてあったと母に話したので、母はいつでもすぐにできるものだと思い込んでしまったのでしょう。現実はそんなに甘いものではありませんでした。

〝すしの素〟は、牛蒡と椎茸を砂糖、醤油で煮て作る。すし飯に、〝すしの素〟を入れ、具はその時ある食材を混ぜる。今回は、卵、蟹缶、かまぼこ、いくら、筍。三つ葉、刻み海苔を散らす。

明治時代の大きな木鉢に盛る。

薩摩ずし

元々鹿児島の出である母の実家で教えてもらって、春先に作っていたおすしです。鹿児島では薩摩ずしを作って人寄せをする時には、枕を持って集まったといいます。別名酒ずしと言われるとおり、地酒で押し、また食べる時にも地酒をかける、といった具合なので、食べては持参の枕を使ってその場で寝てしまい、起きてはまた食べる、というものだったそうです。一方で、父の実家は遠く、私はあまり行く機会がありませんでした。父がどんなものを彼の家で食べていたのか、知らないのが心残りです。

各家庭で作り方が違うと言われています。米は同量の水で固めに炊く。鯛は身を薄く切り、あらはぶつ切りにしておく。ごはんを冷ます。ふき、しいたけ、筍は薄口醤油、塩、酒を加えて薄味に煮て、さつまあげ、錦糸卵とともに、ごはんと交互に桶に詰めていき、最後に薄く塩をした鯛を並べ、山椒の葉を散らす。地酒をたっぷりとかけ、一晩重いおもしをしたら、全体を混ぜる。薬味は山椒の葉、高菜の漬け物、紅しょうが、三つ葉、黒ごま、防風、しそ、海苔など。鯛のあらでうしお汁を作ります。

26頁／薩摩ずしを伊万里白磁桜花型向付に取り分ける。吸い物は日の出椀。
27頁／薩摩ずし用の桶にすしを詰め、中村幸一郎作色絵木の葉型向付、江戸中期の伊万里瑠璃小鉢に薬味を盛る。徳利は、牧山圭男作白磁徳利。

柿の葉ずし

谷崎潤一郎氏の『陰翳礼讃』に作り方が載っている、と母から聞いていました。私が子供の時から、柿の若葉が出揃う頃、毎年作られていたものです。『陰翳礼讃』には塩鮭を使うと書いてあるそうですが、何だか塩鮭を生で食べるのに抵抗があり、スモークサーモンで作っています。ちなみに、おすしを置く箱は父の作ったものです。重しの石も、いまだになぜか当時の石を使っています。

スモークサーモンは薄切りにする。米一升に一合の酒を加えて水加減してごはんを炊く。塩を手につけて冷めたごはんを一口大に握り、スモークサーモンをのせ、柿の葉で包み、木箱にきっちり詰め、一晩押しておく。

柿の葉ずしを詰めた木箱は、白洲次郎作。盛りつけた大きな木鉢は、明治時代のもの。取り皿は、明治の織部皿。

ぐじの一夜干し

本当においしい京都、錦小路の丸弥太さんのぐじです。母は、ぐじを炭火で焼くために、挟んで焼く金網と、石でできた四角い箱状のものまで買って来ましたが、それは重くて私の手に負えず、武相荘のお茶処の入口に、蔦などが入ったまま鎮座しましまして おります。現在は、我が家の薪ストーブに炭をおこしてぐじを焼いています。

一夜干しのぐじを炭火で焼くだけ。しゃぶりつくした魚の骨は、感謝の気持ちとともに、木の根元などに埋めていました。

巨大なぐじをのせた皿は、室町時代の備前陶板。刺し子の布をテーブルクロスに。

ぐじの刺身と皮の唐揚げ

ぐじを一尾、丸弥太さんに送っていただくと、二、三人では多過ぎるほどです。お刺身と皮の揚げたのにしてたくさん楽しみました。父は食前にビールと一緒に皮の揚げたものを食べたがりましたが、段取りがいつもうまくいかず、晩ごはんの食卓で食することとなりました。

ぐじは三枚におろし、皮を引き、身は細く切る。引いた皮は適当に切り、低温の油でゆっくり揚げる。ちなみに、骨は焼いて食べる場合もあります。

刺身の皿は、江戸中期の丹波黒釉皿。皮の唐揚げは、牧山圭男作黄釉小鉢に盛る。富山から来た盆にのせる。

ふきのとう

紫キャベツのマリネ

春の雪が降り、つもった雪が融けだす頃、雪の中に地面の黒い小さな輪を探すと、ふきのとうが顔を出しているのでした。母は毎春、それをとても楽しみにしていました。雪が降った翌朝、私に見てこい、見てこいとせっつくのでした。最初のほんの二、三個のふきのとうは、決まって細く切りお醤油をかけ、大事そうに味わっていました。

色どりの淋しい食卓の日のために、時々作りました。

生のふきのとうは細く刻み、醤油をかける。つくだ煮は、ふきのとうをさっと茹でこぼして固くしぼり、醤油、酒で水分がなくなるまで煮る。

生のふきのとう（右頁手前）は、十九世紀作の南京赤絵小鉢に盛りつける。つくだ煮は、魯山人作の鉄絵鉢に盛る。

紫キャベツはせん切りにし、ひたひたの湯で数分茹でる。茹で汁に塩、酢、サラダ油、砂糖を加え、茹でたキャベツと和え、冷やす。

フランスの色絵大鉢に盛る。

白和え

長い間母の面倒を見てくれた、長坂そのさんから教えてもらった白和えです。父はとても人様には言えない理由で豆腐を食べませんでしたが、白和えに豆腐が入っているとは気づかずに食べていました。にんじんも嫌いでしたので、目に見えるものだけ取り出していました。

こんにゃく、いんげん、にんじん、筍は、薄口醤油、塩、だしで薄味に煮ておく。豆腐は水を切り固くしぼっておく。くるみは皮をむき、すりつぶし、豆腐と混ぜて、みりん、塩、薄口醤油で味をととのえ、煮ておいたこんにゃく以下を加える。

江戸中期の伊万里白磁桔梗鉢が、濃紺地の刺し子の布に映える。

中華サラダ

生野菜があまり好きでなかった父ですが、この中華サラダは、上にのっているワンタンの皮の揚げたものにつられて、箸が進むのでした。

きゅうり、にんじん、大根など、野菜をせん切りにし、かいわれや香菜は食べやすい長さに切る。ワンタンの皮を細く切って揚げる。醤油、酢、ごま油、砂糖少々を混ぜ合わせたタレをかける。

ラリック製ガラス皿。

蟹と春雨の炒め

ある日、京都に出かける父は、母に蟹を買って来いと命令されました。蟹など一種類しかないと思っていた父が買って来たのは、わたり蟹で、母の所望した越前蟹ではありませんでした。母に罵倒された父はわたり蟹を手に、しょんぼりと我が家に登場しました。急遽、父の名誉挽回のために料理本を見て作ったのが、この料理です。父は蟹ののった皿を持って凱旋しました。食事時に行ってみますと、母は父を罵倒したことなどケロリと忘れ、二人で仲良く蟹をしゃぶっておりました。

生の蟹はばらし、食べやすいように殻に包丁を入れておく。蟹に片栗粉をまぶす。甲羅から蟹みそをとっておく。春雨は湯でもどす。ねぎ、にんにくを炒め、蟹みそと豆板醤を加え、鶏ガラスープと酒を足し、春雨と蟹を入れ、しばらく煮込む。

幕末から明治期の瀬戸石皿に盛りつける。紺地に白い文様のテーブルクロスは、スイスの布。

はまぐりのエスカルゴバター

友人たちと食事をする次郎さん

父のイギリス人の友人をお招きし、父のためにと、二回ほどパーティーをしたことがあります。その時におつまみとして、シャンパンと一緒に出して好評だったものです。父はお客様を招《よ》ぶのが好きだったらしいのですが、非協力的な女房のおかげで諦めていたようです。もっとお客様を招んであげればよかったと今になって思います。

はまぐりは鍋に入れ、酒蒸しにして口をあける。貝殻から身を取ってざくざくと切る。殻の上に身をもどす。にんにくとパセリのみじん切り、アーモンドパウダー、レモン汁、白ワインにバターをまぜ、それをはまぐりの身の上にかける。パン粉をふりかけ、オーブンで焼く。

パーティー用に、大きな籠に金属の盆を入れて塩を敷き詰め、その上にはまぐりをたくさん並べる。鮮やかなテーブルクロスは、インドの現代型染め。

ラムの網焼き

面倒くさいので、ラム肉をガスで焼いていました。料理のことなど解っているわけない両親なのですが、なぜか炭火で焼いた時には、必ずおいしいと言いました。炭火というのは不思議なものだと思います。

ラムチョップは醤油、にんにく、白ワイン、ワインビネガー、パジリコ、赤唐辛子にしばらく漬ける。網で焼き、マッシュポテトの上に盛りつけ、茹でた芽キャベツとレモンを添える。

武相荘の囲炉裏の炭火で焼き、江戸後期の瀬戸馬の目皿に、豪快に盛りつける。

夏

白洲家の夏の拠点は軽井沢。
おいしいパンやソーセージ、野菜料理が楽しみです。
正子さんの大好きなガラスのかき氷の器には、
タピオカや杏仁豆腐など冷たいデザートがぴったり合います。

7月〜8月に咲く山百合。武相荘の散策路にて

8月、母屋の脇でたくさんの花をつける朝顔

軽井沢の朝食

パン、紅茶、果物、サラダ、ハム、ソーセージ類です。

猿《さ》投《なげ》中皿写し、スリップウェア写しなどを用いた食卓。

軽井沢の朝食

軽井沢の別荘外観（左）と内部（左下）。次郎作の竹製スタンドもある。右下は、軽井沢ゴルフ倶楽部でプレーする次郎さん

早起きの父には間に合いませんでしたが、軽井沢には、母が起きる前から開店しているおいしいパン屋さんがあり、また、鶴川の家のあたりにはないハム、ソーセージ、レバーペーストを売っているお店もあり、夏に軽井沢へ行くたび、私たちはそれらを楽しみにしておりました。朝食は、鶴川ではコーヒーを飲んでいましたが、軽井沢は水がおいしいので、紅茶にしておりました。

ピペラードとサフランライス

ピペラードは、私が結婚してから初めてお料理を習ったW先生に教えていただいたものです。野菜のおいしい軽井沢でよく作りました。ご多分にもれず、父も世の男性と同じく卵が大好きで、この料理にも卵が入っていないと、「卵、卵」と騒ぐのでした。

玉ねぎ、にんにくを炒める。ピーマン、セロリを加える。よく熟れたトマトを加える。塩、こしょう、香草を入れ全体が煮えたら、しぎ焼きにした茄子を入れ、卵を落とし半熟にする。サフランライスを添える。

ティファールの鍋にピペラード(右)、牧山圭男作の鉢にサフランライス。インド現代型染めの布と合わせて。

サラダ・ニソワーズ

茹で卵、オリーブ、アンチョビ、ツナ缶。野菜は茹でたいんげん、レタス、トマト、きゅうり、玉ねぎなど、なんでも。各自好みでオリーブオイル、酢、塩、こしょうで食べる。

明治時代の大きな木製こね鉢にサラダを盛る。左は、牧山圭男作黒釉ピッチャー、丹波鉄釉塩壺。

いんげんとマッシュルームのサラダ

昔、母がヨーロッパで食べて、とても美味しかったそうで、母からせがまれて作ったサラダです。十回目くらいにやっとOKが出ました。

いんげんは茹で過ぎではないかと思うほど茹でる。マッシュルームは薄切りにする。フレンチドレッシングで和える。母の好みの味から言いますと、酢はほんの気持ちだけ、というのがコツのようです。

フランス・リモージュの染付角鉢に、ざっくりと盛りつける。

ビーツとじゃがいもとローストチキンのサラダ

ひと昔前の六本木に、ドイツのソーセージなどを売っている デリカテッセンという店がありました。それまで軽井沢の八百屋さんでしか売っているのを見たことがなかったビーツのサラダも置いていて、それが母の大好物でした。デリカテッセンが道路拡張か何かでなくなってしまったので、食べたがる母のために作りました。軽井沢では、ただビーツを茹でてドレッシングをかけて食べていました。父は食べ過ぎると翌朝、「血便が出た」とよく大騒ぎしたものです。

ビーツとじゃがいもは丸ごと茹でる。鶏をローストし、それぞれ小さな角切りにする。マヨネーズで和える。鶏は茹でてもよい。

ビーツの深いピンク色が、大正切子コンポートに清々しく映える。

枝豆豆腐

枝豆や天豆《そらまめ》などの豆類は、翌日になるとおいしくない、というのが母の持論でした。翌日以降も食べさせてやろうと思ったのが枝豆豆腐です。母は、自分が手に入れて来た本物の吉野葛で作ったからおいしいのだ、と言っていました。

枝豆は茹でてさやから出し、薄皮を除きよくすりつぶす。葛を水で溶き、塩と砂糖少々を入れ火にかける。透きとおったら、すりつぶした枝豆と混ぜ、型に入れ冷やす。

伊万里白磁陽刻中鉢に、鮮やかな緑の枝豆豆腐をのせる。

茄子とピーマンの南蛮

京都の小児科医で、陶芸家でもある加藤静允先生から、白い大きな片口が届きました。例の母の「器と料理」という癖が頭をもたげ、何か色のぴったり合う料理を、と騒ぎ出しました。味はともかく、茄子と赤ピーマンがきれいです。母の満足げな顔を思い出します。

茄子と赤ピーマンは揚げて油を切る。醤油、にんにく、酢を合わせた漬け汁に漬ける。

粉引片口、赤絵皿、赤絵盃。すべて加藤静允作。

杏仁豆腐

母は自分では料理はしませんが、食事と器が大好きでした。この杏仁豆腐は、母のかき氷の器のために作ったものです。

寒天を煮溶かし、コンデンスミルクと、杏仁霜《きょうにんそう》またはアーモンドエッセンスを入れ、バットに入れて冷やし固める。小さな四角に切り、缶詰の果物を汁ごとかける。

正子さんお気に入りの大正かき氷コップに、フルーツの彩りを合わせて盛る。テーブルクロスは、中近東のアンティークの織物。

タピオカ

かき氷を食べる正子さん

これも母の器のためのものです。さまざまな色のかき氷の器を出し、楽しんでおりました。

タピオカは茹で、透きとおったら、ざるに上げておく。ココナッツミルク、牛乳、砂糖を合わせて、砂糖が溶けるくらいまで火にかける。火からおろしてタピオカを合わせ、冷やす。季節の果物を散らす。

さまざまな色、形が美しいかき氷コップ（大正から昭和の作）に、タピオカを分け入れる。テーブルクロスはインドの染物。

アイスクリーム

昨今、シャンパングラスは細長いものになってしまいましたが、ひと昔前のハリウッド映画などを見ると、このような形をしています。両親もかつて自分達の家でこのようなグラスを使っていたのですが、登場する機会がなくなり、可哀想に思ってアイスクリーム入れにしました。

生クリームに砂糖を入れ泡立てる。卵の黄身にも砂糖を入れ泡立てる。卵白も同様。それらを混ぜて凍らせる。

フランス製グラビールシャンパングラス（二十世紀）に、冷たいアイスクリーム。藍色のインド現代型染めのクロスに合わせると、さらに涼やか。

フルーツ寒天

寒天を煮溶かし、固めてから細かく切る。季節の果物と和える。蜜をかけて食べる。

エナメル彩ガラス鉢（奥）に盛り、中国清朝染付小鉢にとっていただく。

秋

白洲家の秋の食卓を彩るのは、何といっても松茸。
蒸し焼き、鍋、炊き込みごはん……。
ローストチキンや仔羊料理には、次郎さん正子さんとも、
それぞれの留学時代を思い起こしたようです。

秋、武相荘の囲炉裏の間にて

庭から散策路にいたる“鈴鹿峠”の石標あたりは、11月〜12月、紅葉が美しい

松茸の蒸し焼き

どこから来たのか知りませんが、私が気がついた時には、既に白洲家で市民権を得ていた松茸料理です。両親は、松茸をテーブルに置いた小さな七輪で焼くのが好きでしたが、自分達で焼くことは決してしないので、私だけが忙しく、気がついた時には一つも残っていない、という事態が起こります。そのため、一度に料理できるこちらの蒸し焼きが、より多く食卓に登場することとなりました。

砂利を洗って土鍋に敷き詰め、その上に松葉を並べる。松茸は洗って酒と塩少々をまぶす。そのまま火にかけ、蓋をして湯気が立つのを待つ。

福森雅武作の水コンロと土鍋を用いる。

松茸とはもの鍋

昆布だしに、はも、松茸、豆腐、湯葉、三つ葉、薄切りのはす。ポン酢でいただきます。

具材は、槇野文平作木皿に盛る。鍋は、福森雅武作土鍋。

松茸ごはんと栗ごはん

両方一度には食卓に並びませんでしたが、秋になると、どちらも必ず一度は作ったごはんです。糠漬けは両親とも大好物で、父は特にかぶがお気に入りでした。うそのようですが、十個くらいは平気でたいらげていました。

松茸ごはんは、研いだ米に薄く切った松茸を入れ、昆布だし、酒、薄口醤油、塩を入れて、炊く。栗ごはんは、まず栗をみりん、だし汁、塩で煮ておく。米と糯米《もち》を合わせ研ぎ、昆布だしに酒と塩で味をつけて炊き、炊き上がったところを見計らって、煮ておいた栗を入れる。

江戸中期の漆絵段重に、松茸ごはん、栗ごはん、香の物をそれぞれ詰める。

十五夜のお月見。おだんごや栗をお月様にお供えする

ぎんなん、枝豆、きぬかつぎ

〝お月様〟の残り物です。

ぎんなんは割れ目を入れてオーブントースターで焼き、塩の上にのせる。枝豆は茹でる。里いも（きぬかつぎ）は蒸す。

幕末の朱塗長皿にぎんなんを、丹波鉄釉塩壺に枝豆を、中国明朝古染付鉢にきぬかつぎを盛る。木製盃に塩を入れて添える。

ピクルス、マッシュルームの炒め物

きゅうりはごろごろと塩でずり、熱湯をかけて、酢、水、香草を煮立てて冷ました中に漬ける。お好みでレモンなどを添える。マッシュルームの炒め物は、まず玉ねぎをオリーブオイルで炒めて、マッシュルームを入れ、トマトを加え、酢、白ワイン、塩、こしょうで味をつける。

どちらも、黒田辰秋作の朱塗椀。

しめ鯖

鯖ずしを作ろうと思ったら米がなく、急遽しめ鯖になりました。両親は結構喜んで食べていましたので、それ以降、鯖ずしを作るのはやめてしまいました。

鯖は三枚におろし、真っ白になるまで塩をしておく。塩を洗い流したら酢で洗う。昆布と酢でしめる。

福森雅武作の灰釉台皿に、笹の葉を敷き、盛りつける。刺し子のテーブルクロス。

ブイヤベース

入れ歯のせいにしていましたが、両親ともあまりブイヤベースは得意ではありませんでした。けれども、スープやじゃがいも、それから一緒に出した、にんにくをしみ込ませたガーリックトーストは大好物で、いつも魚やえびの残がいだけが山となるのでした。母は日本の魚の鍋の方がおいしいと言っては、私の機嫌を損ねるのでした。

えび、蟹、白身魚は、オリーブオイル、サフラン、香草に漬けておく。玉ねぎとにんにくを炒め、トマトを入れ、魚のあらで取っただし汁を加え、煮立てる。えび、蟹、白身魚、貝、じゃがいもを入れて火を通す。ブイヤベースに添えるルイユは、牛乳で絞ったパンに、すりおろしたにんにくと唐辛子、卵黄を入れ、そこにオリーブオイルを少しずつたらして作る。ガーリックトーストも添える。

時代鉄鍋で煮立てたブイヤベースを囲炉裏にかけ、幕末の黒釉小皿にガーリックトーストをのせて添える。取り分け皿には、フランス金彩色絵皿（上）。

ローストチキン

遠い昔の外国の思い出なのでしょうか、両親はローストチキンが大好きでした。当初は鶏の腹に米を詰めていたのですが、ある日米がなく、パンを詰めてみたところ、ずっと米より好評でした。父に、イギリス人のように家長が鶏を切り分けろと言ってみますと、「ここは日本じゃ」とすまして私におはちを回したのでした。

フランスパン、マッシュルーム、玉ねぎ、鶏の肝を適当な大きさに切り、塩、こしょうを加えて炒めたら鶏の腹に詰め、オーブンで焼く。つけ合わせに、とうもろこし、じゃがいもは丸ごと焼き、にんじん、いんげんは茹でて、添える。ソースは、オーブンの天板に残った肉汁に、お湯とワインなどの酒を入れ、煮立ててつくる。

伊万里蛸唐草大皿に、つけ合わせも一緒に豪快に盛る。

仔羊のナバランとサフランライス

骨つきの仔羊肉はぶつ切りにし、塩、こしょう、小麦粉をまぶし軽く焼いておく。玉ねぎ、にんにくを炒め、そこに肉をもどし入れ、トマト、香草を入れて煮込む。肉に火の通ったところでかぶを入れ、かぶに火が通るまで煮る。ごはんはサフランを入れて炊く。

江戸中期の弓野《ゆみの》大鉢に仔羊のナバランを盛り、サフランライスは同じく江戸中期の丹波黒釉鉢に。

マロンシャンテリー

栗は茹でて裏ごしし、ミルクとバターを加える。皿にのせて形をつけ、上に生クリームを飾る。

大きいまま、萩焼の角皿に乗せて、切り分ける。テーブルクロスは、インドのアンティークの型染め。

冬

寒い季節、こんがりと皮を焼いた大好物の東坡肉《トンポーロー》は、
花巻とともに食卓に上りました。
朝鮮人参をたっぷり入れた参鶏湯《サムゲタン》は、
体を芯から温めてくれます。
食後には、苺やりんごの甘いパイを。

武相荘の3月。椿が出迎えてくれる

12月から3月、母屋前に、白侘助が小さな花を落とす

からすみ、このわた、豆腐のもろみ漬け

正子の祖父（樺山資紀《すけのり》）が初代台湾総督だった頃、台湾製の本当においしいからすみを時々食べたものだと母は言っていました。私達がどんなにおいしいと思ったからすみでも、あの頃の方がおいしかったと、決して認めませんでした。このわたは台湾にはなかったらしく、日本酒をたらし、喜んで食べていました。豆腐のもろみ漬けは、どなたかにいただいたものです。沖縄の豆腐餻《よう》のような食感です。

⚜ からすみ、このわた、豆腐のもろみ漬けは、買ってきて盛りつけるだけです。

⚜ からすみを盛りつけた皿は、江戸中期の初期伊万里中皿。そのほか、伊万里の白磁猪口やのぞき、豆皿など。

ふぐの白子焼き

ふぐちりにすると白子の取り合いになるので、白子は別にオーブンで焼くことにして、各自食べることとあいなりました。オーブンで割れる危険性があるため、皿選びが難しく、補充がきく、と言ったら本人は怒るかも知れませんが、私の夫が作った皿にしました。

白子を耐熱皿に並べ、オーブンで焼く。

さまざまな文様を施した、牧山圭男作絵瀬戸小鉢。

ねぎサラダ

今回はポアローで作りましたが、父母は長野の知人達が送ってくださる下仁田ねぎなどの方が好きだったようで、毎冬、食卓に登場するのを楽しみにしておりました。

ポアロー、リーキなど外国産の太いねぎ、または日本産の太った白ねぎを使用。塩水で柔らかくなるまで茹でて冷ます。ドレッシングをかけてパセリを散らす。ドレッシングは、ワインビネガーまたはバルサミコ、オリーブオイルまたはサラダ油、塩、こしょうで作る。

厚手のスリップウェアに盛りつける。木製サーバーは白洲次郎作。

鱈のペースト

シャンパンと一緒に食卓に出し、好評だった一品です。

水にくず野菜を入れて煮立て、塩をした鱈を入れ煮立てないように煮る。煮えたらくず野菜は取り除く。鱈の骨、皮を除き、フライパンに油を熱し、炒めながらつぶす。すり鉢にうつし、ナツメグ、こしょうを加える。サラダ油とミルクを少しずつ加えながらすりつぶす。三角に切った食パンを揚げて、添える。

器は、明治時代の瀬戸石皿。日本の絣の織物を敷く。

カリフラワーのスープ

父も母も、温かいスープには、それぞれの子供時代の思い出がある様子でした。スープを飲む時は、無言でその思い出に浸っているように見えました。

晩年の白洲夫妻。信州にて

カリフラワーは小房に分け茹でる。茹で汁ごとミキサーなどですり潰し、牛乳、生クリーム、塩、こしょうで味をつけ、パセリを散らす。

江戸後期の絵瀬戸蓋ものに、温かなスープ。テーブルクロスは、中近東の古い刺繍布。

参鶏湯［サムゲタン］、ナムル、オイソバキムチ

韓国に旅行に行った友達が、おみやげに参鶏湯《サムゲタン》の缶詰を買って来てくれたことがありました。母のところにどなたからかいただいた朝鮮人参があったので、作ってみたところとてもおいしくて、あっという間に母の朝鮮人参はなくなってしまいました。その後、「芸術新潮」の元編集長、山川みどりさんが韓国へ取材に行く際に、朝鮮人参をおねだりしました。まだ山川さんにごちそうしていないのが残念です。

参鶏湯は鶏一羽の腹に糯米、にんにく、朝鮮人参、なつめ、栗を詰め、かぶるくらいの水で三、四時間煮る。ナムルは、ほうれん草、大豆もやし、にんじんは茹でて、醤油、砂糖、ごま油で味をつけ、ごまをふる。ぜんまいは、ごま油で炒めて鶏スープ、醤油、砂糖を加え、水分がなくなるまで煮る。オイソバキムチのきゅうりは、両端を残して縦に包丁を何本か入れる。その中に、大根、にんじん、ねぎの刻んだものを入れて、キムチの漬け汁に漬ける。

ナムルをのせたのは、李朝白磁台皿（十九世紀作の祭器）。オイソバキムチの器は伊万里白磁菊鉢、参鶏湯の器は伊万里染付大鉢。ともに江戸後期の作。

花巻

東坡肉

［トンポーロー］

強力粉とイーストと砂糖をぬるま湯で混ぜこねて、しばらくねかす。薄くのばし、ごま油をぬってくるくる巻き、ななめに切る。真中を箸で押さえ、蒸す。

インドネシアの織物を敷き、槇野文平作木皿に盛る。

豚肉はあまり食べる習慣がなかった両親ですが、東坡肉は大好物で、花巻と一緒に食べるのがお気に入りでした。食べながら、戦前の上海の話などしておりました。両親が亡くなってから、那覇のまちぐゎー（市場）で、東京ではなかなか手に入らない皮つきの三枚肉を買って来ました。とてもおいしい三枚肉で、両親が食べたら喜んだろうな、と思いました。

皮つき豚三枚肉はしばらく茹でる。皮の方を醤油に漬け、皮の表面のみを焼いて色づけし、食べやすい大きさに切る。皮を下にしてボールに詰め、醤油、酒、氷砂糖を加え長時間蒸す。盛りつけに青菜を添えてもよい。

江戸後期の伊万里染付大鉢。現代の織物を敷いて。

フカヒレの煮込み

私はフカヒレの姿煮が大好きです。料理店では高価な料理で、親がかりでないと口に入らないものでした。ある時、もどして冷凍にしたフカヒレを売っている、ということを発見しました。買って来て作ってみると結構おいしくできました。もう時効で

すが、父に中華料理店で買って来たと言ってお金をもらうのが、結構いい小遣い稼ぎでした。

冷凍のフカヒレは解凍する。ねぎ、しょうがを炒めて鶏ガラスープに入れ、醤油、オイスターソース、酒を加え、フカヒレを入れて煮る。水溶きした片栗粉を最後に入れ、青菜を添える。

江戸中期の伊万里染付中皿を用いる。中近東の古い刺繡布の上に置く。

フカヒレと卵白とハムと枝豆の炒め

マヨネーズを作った時の卵白、フカヒレ、枝豆など残り物を使ったお料理です。両親ともに残り物とは気がつかず、喜んで食べていました。

鍋にフカヒレ、枝豆を入れて炒め、鶏のスープを加え、塩、こしょうで味をつける。卵の白身に鶏のスープと水溶き片栗粉を加えて、鍋に入れ混ぜてひと煮立ちさせる。上にハムのみじん切りを散らす。

江戸中期の伊万里染付大皿にざっくりと盛りつける。下の布は刺し子。

牛すじと牛蒡の炊き合わせ

どこだか忘れてしまいましたが、どこかの居酒屋で食べたものです。晩年膝が痛いと言っていた母に、コラーゲンが多く含まれているという牛すじがよいと思い、作ってみました。反面教師のような母でしたが、頭の片隅で母のことを気にしている自分に驚きました。

牛すじは脂をとり除き、茹でておく。牛蒡もさっと茹でておく。水、醤油、酒などで牛すじを長時間煮る。最後の三十分ほどの頃合に牛蒡を入れる。

東南アジアの染付大皿（十八世紀）に盛りつける。テーブルクロスには、鮮やかな中近東の染め布を合わせる。

椎茸のオイスターソース炒め

近所で椎茸をたくさんくださる方がありました。椎茸を食べると癌にならない、という話を信じたせいではないのでしょうが、父母はたくさん食べてくれました。二人とも癌にはなりませんでした。

椎茸を炒め、醤油、オイスターソース、砂糖で味をつける。

丸ごと炒めた椎茸を、オランダ・デルフト染付大皿（十八世紀）に盛る。テーブルクロスには、日本の伝統的な麻の葉文様の刺し子を用いた。

ちまきごはん

カウンターワゴンは次郎さんの手製。好んでキャスターをつけた

檀一雄さんの本に出ていたものです。ある日、竹の皮がなくて、一度に蒸してみましたら、面倒くさがり屋の父が、この方がよいと言い、しばしば竹の皮なしでのちまきごはんになりました。

もどした干し椎茸、豚バラ肉、筍は適宜刻み、ぎんなん、グリンピースなどと糯米に混ぜ、蒸す。

伊万里の染付大鉢（左頁手前）と飯茶碗。どちらも江戸後期。中近東のアンティークの刺繍布を敷く。

苺のミルフィーユ

私が子供の頃、鶴川の家の前の畑で苺を作っていました。畑には、苺が傷まないように、今のような黒いビニールシートではなく、切った藁が敷いてありました。熟れすぎた苺から出た汁が、藁を赤く染めていたのを憶えています。

折りパイを焼いて上下二つに分け、間に苺と生クリームを入れる。

牧山圭男作の陶板に並べてのせる。

苺のタルト

タルト生地を小さな船形に焼き、カスタードクリーム、生クリーム、苺の順にのせる。

牧山圭男作の長皿二種を用いて並べる。

アップルパイ

私も年とともに母に似て来たのでしょうか。長い皿に長いアップルパイをのせたらいいかな、などと思い、陶芸が好きな夫に頼んで皿を焼いてもらいました。父も母も、熱いアップルパイにアイスクリームと生クリームを添えて食べるのが大好きでした。最近見かけないパイ・ア・ラ・モードです。

折りパイに、甘く煮たりんごを入れて焼き、熱いうちにアイスクリームと生クリームを添える。

焼きたてを牧山圭男作絵瀬戸長皿にのせ、切り分ける。銘々皿には、織部皿。

定番

四季を通じて食卓に登場した、お気に入り料理を紹介します。
さまざまな野菜を使った前菜やスープから、
シチュー、肉料理、中華、エスニック、
そして多彩なデザートまで。目と舌で楽しんでください。

次郎さんがこしらえた竹製のサーバースプーン、マドラー

武相荘の母屋を庭から眺める

きゅうりの塩ずり、トマトサラダ、
グージェール、白子のパイ

どれも、ちょっとしたおつまみです。

きゅうりは塩でもんで切る。トマトはくし形に切り、フレンチドレッシングで和えて数分おき、水気を切る。グージェールはシュークリームの皮の生地にチーズを混ぜ込んで、搾り出してオーブンで焼く。白子のパイはパイ皮の上にホワイトソース、火を通した白子をのせ、チーズをふりかけてオーブンで焼く。

岡本修作の色絵磁器を組み合わせて用いる。ユニークで可愛い文様が楽しい器。

きゅうりの甘酢炒め、くわいベーコン巻、ピータン、甘酢くらげ、茄子の蒸し物

前菜としてよく作ったものです。

きゅうりは、塩ずりしたら縦半分に切り、ビール瓶などで叩く。甘酢に漬け押ししておく。缶詰のくわいをベーコンで巻き、オーブンで焼く。ピータンはくし切りにし、皿に盛り、細切りのねぎをのせる。くらげは塩出しをして、甘酢をもみ込む。茄子は丸ごと蒸して縦に裂き、皿に盛る。すりごま、酢、醤油、砂糖少々でタレを作り、かける。

伊万里染付印判手中皿と伊万里染付長皿（いずれも江戸中期の作）を用いて、それぞれ盛りつける。インドの古い型染めをテーブルクロスに。

卵豆腐

ただの卵豆腐ですが、父も母も、二人とも好きでした。

生卵を溶きほぐし、だし汁でのばし、薄口醤油、酒、塩で味をつけ、型に流して蒸す。

江戸後期の伊万里染付なます皿にのせて、めいめいに。

しじみの醤油漬け

台湾の知人から教わったものです。父は食べるのを面倒くさがって、ほとんど手を出しませんでした。けれども、私が台所でしじみをいじっていると、漬け汁に強いお酒を入れるのですが、夕方のウィスキータイムのためのウィスキーを、恩着せがましくちびっと入れてくれるのでした。

しじみを酒蒸しにして口をあける。小口切り唐辛子、醤油、強い酒に漬け込む。

牧山圭男作の白磁鉢にしじみを豪快に盛る。ぐい呑も牧山圭男作。

野菜スープ

ワンタン

正子の実家、樺山家で作られていたようなのですが、一族の者に聞くと知らないという、不思議なスープです。私が小さい頃より、身体の具合が悪い時に食べていた記憶があります。母が結婚した時、実家からついて来てくれた「たちさん」が作ってくれていました。母も、食欲のない時や入院している時、冬は温かく夏は冷たくしていただいていました。

水にだし昆布を入れ、ザク切りした大根、にんじん、じゃがいも、玉ねぎ、セロリ、キャベツを加え、さらになぜか月桂樹の葉を入れて煮ていく。味つけはさっぱりと塩、こしょうで。最後に削りかつおぶしを入れる。その後、かつおぶしとだし昆布は取り出す。

江戸中期の古伊万里染付氷裂文鉢に入れていただく。

豚ひき肉に大根おろしと卵の白身、水を入れ、塩、こしょうで味をつけてワンタンの皮にくるむ。みじん切りのねぎ、錦糸卵、青菜の茹でたもの、醤油、ごま油を器に入れ、鶏のスープをさし、茹でたワンタンを入れる。

加藤静允作粉引片口（奥）から、野菜スープと同じく、古伊万里染付氷裂文鉢によそう。

レタスのひき肉包み

レタスは一枚ごと葉を洗って大きいまま盛りつける。ビーフンは揚げておく。ねぎとしょうがのみじん切りを炒め、鶏ひき肉、豚ひき肉、鶏レバーのみじん切りを加え、筍、椎茸、くわいのみじん切りも加えて炒める。醤油、砂糖、塩、こしょう、ごま油で味をつける。これらの具をレタスの葉にのせ、ケチャップ、醤油、豆板醤を混ぜたソースをつけて、くるんで食べる。

揚げたビーフンとひき肉などを用いた具は、福森雅武作灰釉台皿にのせる（手前）。ソースは江戸中期の丹波鉄釉塩壺に入れ、レタスは黒田辰秋作溜塗椀に入れる。

ふくろ茸のオイスターソース炒め

缶詰のふくろ茸を、水を切って炒め、醤油、老酒、オイスターソース、砂糖少々で味をつける。

江戸中期の瀬戸無地大皿に盛る。

テビチの唐揚げ

石垣島の居酒屋さんで食べました。母のための、コラーゲンがたくさん入ったテビチです。しかし入れ歯にはあまりうれしくなかったようです。

テビチ（豚足）は茹でて醬油に漬けておき、薄く片栗粉をつけてカリッと揚げる。

オランダ絵皿（十九世紀の作）に、シンプルに盛る。鮮やかなテーブルクロスは、インドの現代型染め。

牛肉と茹で卵の煮物

牛肉は一口大に切って炒め、醤油、酒、砂糖で味をつけ煮る。だいたい火の通ったところで茹で卵を入れる。しばらく煮て全部取り出し、汁を煮つめて、牛肉、卵をもどして汁をからめる。

江戸中期の伊万里染付捻文《ねじもん》大鉢にざっくりと盛る。

蟹コロッケ

蟹缶はほぐす。バターで玉ねぎを炒め、薄力粉を加える。それをミルクでのばし、塩、こしょうを加え、ホワイトソースにする。マッシュルームのみじん切りを炒め、蟹と一緒にホワイトソースに入れる。よく冷やして成形し、薄力粉、溶き卵、パン粉をつけて揚げる。

俵形の蟹コロッケを、魯山人作の大皿に盛る。

スペアリブ

これも入れ歯族には食べにくそうでしたが、骨を犬が楽しみにしていました。

スペアリブは醤油をからませておく。片栗粉と卵をよく混ぜ合わせた衣をつけて、じっくりよく揚げる。揚がったら甘酢をからませ、ねぎの細切りを散らす。

スペアリブは、染付の青が清々しい伊万里染付大皿（江戸後期）に盛る。インドの現代型染め布を合わせる。

タンシチュー

母はシチュー料理は大好きで、なるべく大きな皿にたくさん盛るのが好みでした。なぜか、じゃがいもやにんじんなどのつけ合わせは、別に添えた方がいいのです。

タンは丸ごと洗ったら、くず野菜や月桂樹、タイム、セイジなどを入れ、塩を入れた水で、串を刺してスッと通るまで茹でる。汁に入れたまま冷ましておく。冷めたら皮をむいてきれいに掃除して切る。皮は犬にやる。茹で汁は捨てずに残しておく。ソースは、みじん切りにした玉ねぎ、セロリ、にんじん、大根、にんにくをサラダ油とバターでよく炒める。小麦粉をふり入れてさらに炒め、ワイン、コニャックなど適当に加え、タンの茹で汁でのばす。塩、こしょうし、ゆるかったら少し片栗粉でとろみをつける。切ったタンをもどして温める。仕上げにオレンジの皮だけをおろしてかける。

みじん唐草文大鉢（江戸後期）にたっぷりと盛る。厚手のクロスはアフリカのもの。

タンのみそ漬け

タンシチューのために下ごしらえしたタンの残りを漬けたものです。ごはんのおかずにしていました。

塩茹でしたタンの残りや切れはしは、みそをみりんや酒でゆるめたものに漬ける。数日漬け込んだら、そのまま食べる。

みそ漬けしたタンは、瀬戸煮染め皿に。テーブルクロスは、動物文の更紗。

羊の腿焼き

これぞ母の究極の大好物。最初の日は温かいのをグレイビーで、翌日冷たくなったのをアイオリソースで、その次はサンドウィッチ、辛子醤油でごはんと、何日も何日も楽しんでいました。

ラム肉に、適宜にんにくを差し込み、タラゴン、ローズマリー、タイム、セイジなど香草いろいろと塩、こしょうをよくまぶし込んで半日おく。温めたオーブンで、つけ合わせにするじゃがいもと一緒に焼く。アイオリソースかグレイビーソースでいただく。アイオリソースはにんにくをすりつぶし、牛乳に浸したパンとよくまぜる。卵の黄身とレモン汁もまぜ、油を少しずつ入れていって、固くなり過ぎたら牛乳でのばす。グレイビーソースは天板に残った肉汁に、白ワインをさしてこそげ取り、お湯でのばして、塩、こしょうで味をととのえる。

伊万里の大皿に、羊の腿をどんと盛りつける。白いアイオリソースは染付の片口に入れる。テーブルには、濃紺に白い植物文の大布を敷く。

オムレツスフレー

何を思ったのか、母が突然、蟹の入ったオムレツスフレーが食べたいと言い出しました。丸い焼き型に入ったスフレーを作りましたが、あまり良い顔をしません。二、三度繰り返したある日、オーブンをつけておくのを忘れ、苦肉の策でフライパンで焼いて出したところ、「これよこれ」とパッと顔が輝き、うれしそうに食べておりました。今回は、分量が多く、形も違うものになってしまいましたが、でもおいしかった！

冷蔵庫に残っているチーズ（なんでも）を細かく切ったものと蟹を、卵の黄身と合わせる。適当に塩、こしょう。卵白をよく泡立ててから、蟹、チーズ入りの黄身と合わせ、フライパンで焼く。

中国清時代の染付大皿（輸出用）に、卵六個分のスフレーを豪快に盛る。藍の絞りの大布を敷いて。

春餅［チュンピン］

夫の母の照子さんがよく作ってくれた中華料理です。皮に色々と具をのせ、みそとねぎを入れて巻いて食べるのですが、父は面倒くさがって、誰かが巻いてくれるのをじっと待っていました。一緒にお粥を出していましたが、父は、お粥は病人の食うものだと言って、決して手を出しませんでした。

強力粉を水でこね、薄くのばしてフライパンで焼き、皮を作る。甘い黒みそと白髪ねぎを用意する。具は、炒めた芝えび、にらと豚肉の炒め物、もどして炒めた春雨、卵焼き、炒めたもやし、豚肉とザーサイの炒め物、せん切りにして揚げたじゃがいもです。

さまざまな具を彩り豊かに、江戸中期の伊万里染付長皿などにのせる。

中華粥

父が手を出さなかった中華粥です。

米は八倍の水でしばらく煮て、鶏肉、もどした干し椎茸、おろししょうが、塩、こしょうを入れさらに煮る。薬味には、ピータン、大根の漬け物、ザーサイ、ねぎ、揚げたアーモンド、細切りにして揚げたワンタンの皮、しょうがのせん切りなど。

伊万里染付捻文大鉢（江戸中期）にお粥を入れる。薬味入れには、中村幸一郎作の色絵小向付を。インドの古いシックな型染め布を敷く。

なぜかフランス語読みでパエラと言っています。芯が残るスペインのごはんとはまったく別物で、白飯の堅さのごはんです。母はスペインの屋台で食べたそうで、お客は口の中に残ったえびや貝の殻などをペッと地面に吐き出すとか。とても気分がよさそうに見えたらしいのです。ある日一度でよいから家でやらせろと言うやいなやペッと床に吐き出し、一同唖然。

鶏肉、いか、えび、蟹はそれぞれ炒めておく。米を研いでザルにあげておく。にんにくと玉ねぎのみじん切りをよく炒めたら、米を加え、さらにしっかり炒める。白ワインをサッとかけ、トマトのざく切りと、湯につけておいたサフランを汁ごと入れる。そこに炒めておいた鶏肉と魚介、殻つきのあさりを加え、塩、こしょうして、蓋をして炊く。途中でサラミを加えてもよい。最後にオリーブやグリンピースを散らす。平たいパエリア鍋でなく、ダッチオーブン（ブラックポットともいう）を使った。アメリカのカウボーイたちが煮込みなどに愛用したこの鍋は分厚い鉄製で、蓋の裏側から湯気が

パエラ

鍋の中に落ちない工夫がされたスグレモノ。

❧ダッチオーブンで作ったパエラは、馬の目皿に取り分けていただく。テーブルクロスは、アンティークの更紗。

サラダごはん

夫の母の照子さんは、冷ごはんと野菜をまぜ、ドレッシングで味つけした上に、蟹をマヨネーズで和えてカレー粉を入れたものをのせていました。ある日私がそれを作りましたところ、父母のお気に召し、定番となりました。ふと見ると、母がグリンピースを一つずつ箸で皿の端によけています。なぜそんなことをしているのかと尋ねましたら、ある友人が戦争中、人の家に居候しているのにもかかわらず、豆ごはんから嫌いなグリンピースを取り出していたそうで、自分もやってみたかったから、というのが理由でした。

❧冷ごはんに、みじん切りにした野菜（玉ねぎ、きゅうり、セロリ、ピーマン、トマト）、茹で卵のみじん切り、グリンピースをまぜ、バルサミコ、オリーブオイルのドレッシングでよくまぜる。マヨネーズにカレー粉を加えて蟹肉を和え、上にかける。

❧更紗を敷き、鮮やかな伊万里染付同心円文鉢（江戸中期）に盛る。

クスクス

父はごはんにかけて食べる料理が好きでした。私が昔、パリで下宿していたおばあさんの家にはスペイン人のお手伝いさんがいて、その人が時々作っていたものです。父はクスクスという料理名が覚えられず、「何んてったっけ、あの笑っているような料理」と言っていました。

ひよこ豆は水につけておき、玉ねぎ、にんじんを入れて煮る。羊肉も加え煮る。他に大根、いんげん、ピーマン、トマト、ズッキーニ、アスパラガスも加える。つけ合わせにししとう、なつめ、松の実、チリパウダーを添える。クスクス粒に水を入れ、塩、こしょうを加えて煮る。煮上がったらバターと混ぜる。

フランスの色絵の鉢や皿(ともに十九世紀)に盛る。つけ合わせの器には、瀬戸小鉢や小皿を用いた。テーブルにはインドの刺し子を敷く。

オレンジシフォンケーキ

あまり膨らまなかったシフォンケーキです。時々しか上手にできませんでしたが、父母二人とも、私が黙っていれば気がつかず、喜んで食べてくれました。

⚜オレンジの皮をおろして入れたシフォンケーキを焼き、生クリームとオレンジの果肉で飾る。シフォンケーキの作り方は、型を買うと作り方がついていますのでご参照下さい。

⚜槙野文平作の木皿にのせて、切り分けたら、魯山人作の木の葉皿に取る。

ティラミス

ティラミスが流行った頃に作って、私がこれはイタリーのデザートだと言うと、音痴の父は大声でサンタルチアなどと歌い、母は耳を塞ぐありさまでした。

スポンジケーキを焼きコーヒーとブランデーに浸す。生クリームを泡立て砂糖を入れ、マスカルポーネを混ぜる。これをスポンジケーキの間にはさみ、上からココアパウダーをふる。

現代エナメル彩ガラス長皿にのせて。

白玉だんご

父は洋菓子も好きでしたが、あんこも大好きでした。酒を飲みながら食事をした後で、甘いものなどよく食べられるものだと思っていましたが、私も年とともにその領域に入ってきてしまいました。思い出したように、お月見をする母とお月様のために、おだんごとあんこを用意しておきましたが、せっかちの父が、いつもお月様より先に食べてしまうのでした。

市販の白玉粉を茹でて作った白玉と、缶詰のあんこです。

京焼百合型向付（江戸から明治の作）に取り分ける。

小さなシュークリーム

父はカスタードのシュークリームが好きでした。母は生クリームのシュークリームが好きでした。面倒くさいのでカスタードと生クリームを混ぜたところ、ご両人とも満足しました。幸運だったのは、二人とも一口大が好きだったことです。大小の好みに違いがあったら手がつけられませんでした。そのような理由で作らなくなった料理もたくさんあります。

シュー皮は、ミルクと水、半々を入れて、バターをまぜてから煮立て、ふるった薄力粉を一度に入れて混ぜる。生地を冷ました後、少しずつ鉄板に搾り出してオーブンで焼く。カスタードクリームと泡立てた生クリームを混ぜて、砂糖、グランマニエを加え、シュー皮に詰める。

フランス製コンポートに積み上げる。

ウッフ・ア・ラ・ネージュ

卵白に砂糖を加え、固く泡立てたら、スプーンで丸く形をつけてお湯に落とす。水気を切って、カスタードソースの上に盛る。

可憐な花が描かれたフランス製色絵中皿（十九世紀）に、たっぷりとカスタードソースを入れて。

カスタードパイ

折りパイ生地の中にカスタードクリームを入れ、オーブンで焼く。

伊万里牡丹唐草中皿（江戸中期）にのせ、生クリームとブルーベリーを添える。

カスタードプリン

父はカスタードプリンが大好きでした。オーブンで焼くのが面倒な時に、その辺にある鍋で蒸していましたが、不思議に蒸した時はあまりお気に召しませんでした。なぜ蒸したことがわかったのか今でも謎ですが、蒸すと素人ゆえすが入り、その穴が気に入らなかったのかな、と最近思います。

砂糖を焦がし、少量の水を足してキャラメルソースを作り、型に流し入れる。牛乳に砂糖を煮溶かしたら冷まし、卵を溶いた中へ徐々に入れる。それを漉して、キャラメルソースが固まった型に流し入れる。湯を張った天板にのせ、低温のオーブンで蒸し焼きにする。生クリームを添える。

伊万里赤絵瓔珞文小皿に、生クリームを添えて。

筆者が着ていたレースのベビー服。大切に保管されてきた

庭で遊ぶ幼い頃の筆者

あれが食べたい、これが食べたい
注文の多い白洲家の食卓

牧山桂子

正子さんと赤ちゃん時代の筆者

私は、世の中にたくさんいらっしゃるお料理上手の奥様ではなく、自分に料理の才能があるとも思いません。料理好きだとあまり思いません。専業主婦という言葉のとおり、食事作りは私の仕事だと思っていました。毎日会社に行って金を稼ぐのが夫の役目なら、自分は自分の役目を果たして、夫の口から「誰が食わせてやっているのだ」などという言葉を

牧山圭男氏（中）と筆者（左）の結婚式で。正子さんが55歳の時

決して出させないようにしてやるのだ、というのが、今まで食事を作って来た私の〝下心〟だったような気もします。

曲りなりにも、今まで夫の口からそのような言葉が出なかったのは、料理を作らない母を見ていて、私はああはなりたくない、という思いが、心の底にあったからでしょう。そう思うと、母に感謝すべきかも知れません。本人が実践していたかどうかはさだかではありませんが、母は「どんな人にも必ず良い所がある。物事は良い方に考えろ」とよく言っておりました。母が料理を作らないことも、良い方に考えれば、このようにたしかに良い面もあったわけです。

＊

私は、いわゆる世間の親の概念とは違う両親のもとに生まれ育ちました。今でこそもうそんなことはありませんが、小さい頃の私は、自分にないものが羨ましいという人間の困った本性にたがわず、他人が持っているあたり前の家庭が羨ましくてしかたありませんでした。母親がいつも家にいて、学校から帰ればおかえりなさいと子供達を出迎えたり、家族揃って食卓を囲んだり、おべんとうを作ってくれたり。そんな母親を夢見ておりました。

私の両親は西洋式なのか何だかわかりませんが、私がかなり大きくなるまで、子供達は子供達だけで食事をしていました。

武相荘にて。左から、次郎さん、正子さんの幼なじみだった秩父宮妃、正子さん、筆者と長男の龍太さん

1991年、正子さん（右）と筆者

今は、母親が家にいないのがあたり前の時代になっています。家族が一緒に食事をすることもなく、家族間の対話がない、というような家庭の話をそここで目にしたり耳にしたりします。そのせいもあるのか、子供達の引きこもりや不登校などの問題も起きているようです。両親不在で育った私達兄妹は、それぞれに多少の問題はあるかもしれませんが、世間様に大した迷惑もかけずにやっていられるのは何故だろうか、と考えます。それは、両親は口には出さなくても、子供達を大事に思っているのだということを、子供の直感で理解していたからではないか、と思うのです。

＊

さて、小さい頃の私達が毎日どんな物を食べていたのか、記憶がまったくありません。しかし、一人ずつのお膳の上に、白い布ナフキンが丸められ、銀のナフキンリングに収まっていたのだけは、よく覚えています。当時は、今のように食料品も豊富ではなく、戦前のおいしいものを知っていた両親はブツブツ言っておりましたが、何も知らない私は毎日の食事に不満はありませんでした。

秋になると、庭先にある柿の木がたくさんの実をつけます。甘い物などはほとんどなかった時代、この柿だけが甘い物、という記憶が残っています。お腹がすくと、先がとがって二つに分かれている竹の棒で木の上の柿の実をつついて取りました。取っては食べ、取っては食べを続ける私に、父はよく「柿を食べ過ぎると、ふんづまり（便秘）になる」と言っておりましたが、私は聞く耳を持ちませんでした。子供の頃、あまりにたくさん柿を食べたせいでしょうか、あるいは世の中にいろいろな甘い物が出回り始めたせいでしょうか、その後何十年も、私は庭先の柿の実に手を出すことはありませんでした。

先日、鶴川の家のガレージだった場所に、柿の実を取る竹の棒がまだ残っているのを発見し、ふと手に取り、柿の木から実を落として食べてみました。とてもおいしかったのですが、現代の甘い果物に慣れてしまった私にとっては、子供の頃の記憶にある「甘い」という味覚には、ほど遠い味でした。過ぎ去っていった遠い昔をなつかしく想い出すと同時に、何かたくさんのものを失くしてしまったような気がいたします。また、柿の味の思い出を自分だけのものにして、息子に分けてやらなかったことも後悔しました。

父が終戦後、初めてアメリカに行った折にハワイに寄り、アイスクリームをお土産に持って帰って来てくれたことがありました。こんなうまい食べ物が世の中にあるのか、と思うほどおいしかったことを憶えています。こんなうまい食べ物のある国と戦争をしても負けるのは当り前だ、と漠然と思ったような気がします。生クリームやバターを食べた時も感激

新婚当初の次郎さんと正子さん。軽井沢にて

しました。私の夫も含め、同年代の方達もそうだと思いますが、パンにバターをたくさんつける癖は、今でも直りません。

＊

私は結婚するまで、食事などほとんど作ったことがありませんでした。気まぐれに時々何か作ったりする程度で、後片付けもせず、結婚して亭主に大きな顔をさせないためにメシを作り始めた、というのが真相です。そんな私が食事を作り始めて思ったのは、両親に随分いろいろな場所へ食べに連れて行ってもらったな、ということです。舌が覚えているということは、作る面でも良いことだと思います。

今でもどこかへ食事に行った後、家で真似をしてその料理を作ってみることがあります。コックさんや板前さんに作り方などをいろいろと聞いてみても、主婦業新米の頃はあまりよくできませんでしたが、最近では私の楽しみの一つになっています。しかしあまり頻繁になりますと、先日も夫から「これで寿司を握り始めたら終わりだな」と言われてしまいました。

私達夫婦が自宅で、なにやら自分達とは違う、うまそうな食事をしている、ということに両親が気づくのに、大した時間はかかりませんでした。あれが食べたい、これが食べたいと、両親から注文がひっきりなしに来るようになりました。しかしおかげで、若い者の食事の買い物には二の足を踏むよ

庭先の柿の木。筆者はよく、この木から竹の棒で実を落として食べた

"CANADIAN COOK BOOK"（by Nellie Lyle Pattinson, First Edition 1923）の表紙

自宅の囲炉裏端でくつろぐ正子さん

うな、高価な牛肉などの食材も使うことができました。

　元々食材の調達などが嫌いではなかった父は、何か欲しい物はないかと、時々私に尋ねるようになりました。

　ある日私が、海老が食べたいなと言ったことがありました。大洋漁業で何かの仕事をしていたらしい父は、「よし！」とばかり目を輝かせ、海老を調達して来ました。十匹ほどを想像して待っていた私に届いたのは、海老の巨大な冷凍の箱でした。

　また、元々機械好きであった父は、私が洋服を買ってくれなどと言うとあまり良い顔をしませんでしたが、調理道具などは私にとって比較的高価なものでも買ってくれました。スパゲッティを作る電動のミキサー、電動スライサーや電気ミキサーなど、今でも便利に使っています。庭の竹を切り出して、料理用のへらやおしゃもじなども、よく作ってくれました。

　私のもとに、小さい時にある方からいただいたままごと道具がまだ残っています（17頁参照）。小さなティーポットの注ぎ口には穴が開いていないので、穴を開けろと言っては父を困らせたものです。私をなだめるために、父は何度もおままごとの相手をさせられました。また私は、小さなままごと道具に合う、揃いの銀色のスプーンやフォークが欲しくてたまらなかったのですが、当時そんなものがある訳もありませ

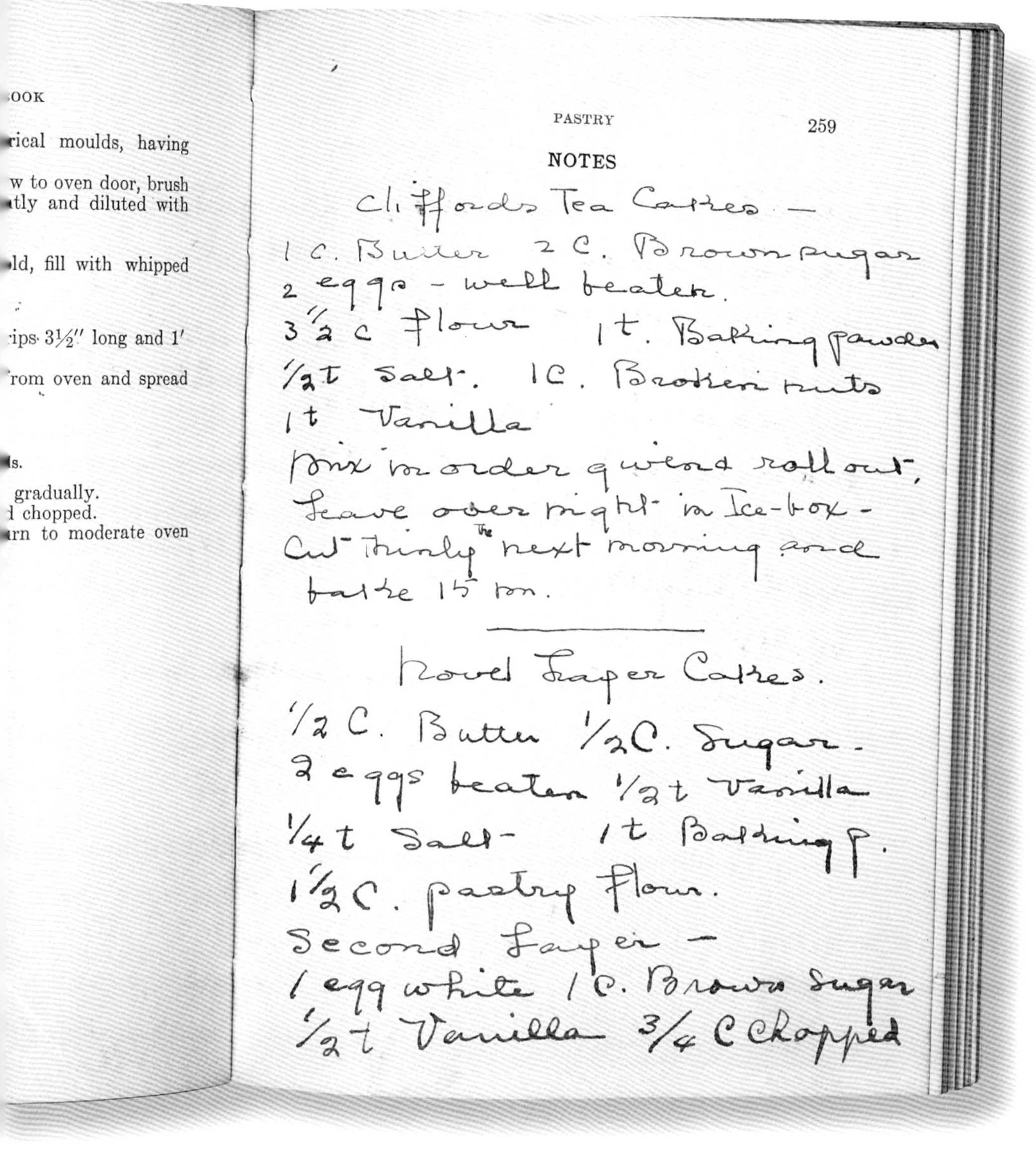
OOK

rical moulds, having

w to oven door, brush
tly and diluted with

ld, fill with whipped

ips 3½″ long and 1′

rom oven and spread

s.

gradually.
d chopped.
rn to moderate oven

PASTRY 259

NOTES

Cliffords Tea Cakes —
1 C. Butter 2 C. Brown sugar
2 eggs - well beaten.
3½ C flour 1 t. Baking powder
½ t Salt. 1 C. Broken nuts
1 t Vanilla
Mix in order given & roll out,
Leave over night in Ice-box -
Cut thinly the next morning and
bake 15 m.

Novel Layer Cakes.
½ C. Butter ½ C. Sugar.
2 eggs beaten ½ t Vanilla
¼ t Salt 1 t Baking P.
1½ C. pastry flour.
Second Layer —
1 egg white 1 C. Brown sugar
½ t Vanilla 3/4 C Chopped

正子さんの蔵書“CANADIAN COOK BOOK”には、料理を作ろうという意気込みがあったのだろう、若き正子さんによるレシピのメモ書きが残されている

1952年、ローマのレストランにて、スパゲッティ（？）を楽しむ次郎さん（左端）

ん。父はどこからか、まったく不似合いな赤や青のスプーンを手に入れて来てくれましたが、子供心にも使うのがはばかられました。

母は、どちらかというと、食器のために食べ物を選ぶような時がしばしばありました。彼女の「食器買い」は和洋を問わず、また値段も問わずで、高い方はわかりませんが、下は何百円の物まで、多種に渡っていました。買う時に自分で、この器にはあの料理を、と決めている場合はよいのですが、何かぴったりの料理を作ってよ、という注文には度々苦労させられたものです。

*

両親が結婚するまでの間、互いにどんな食生活を送って来たのか、今となっては知るよしもありません。しかし、子供の頃から若い時に馴れ親しんだ食物は、大人になってもずっと尾を引くものだ、ということは、彼らの中に見て取れました。

イギリスの大学に行くまで神戸で育った父は、当時から比較的ハイカラなものも食べていたようです。イギリスはメシがまずい、というのが世間の通説です。大学の食事などはその最たるものだったらしいのですが、大学で覚え、彼が生涯食卓から離さなかったものが、リーアンドペリンズのウスターソースです。最近、日本では何らかの添加物が許可されな

クレア・カレッジ時代に次郎さんが使っていた、イギリス製カトラリーセット。
木製の箱に、銀のナイフ、フォーク、スプーンが詰められている

くなったらしく、自主回収になってしまった時がありました。現在はもう問題が解決されて販売されていますが、やはり父のように若い時を西洋で過ごしたある方が、その回収されるという間際に、たくさん買い込んでいるのを見て、若い頃舌に染みついた味とは不思議なものだと思いました。また、そんな事件が起きたのが、父の亡くなった後のことでよかったとも思いました。父の時代は、大学が休みの間も今のように簡単に日本へ帰って来ることはできなかったようで、イギリスのあちこちのお宅にお邪魔して、結構おいしいものをご馳走になっていたようです。

母は、「イギリスの味覚」と言って、父を内心軽蔑していた気配がありましたが、父も母に対して、「鹿児島は芋ばかり食っていやがるくせに」と応酬していました。母自身も、アメリカで十代を過ごし、豆ばかり食べさせられていたようです。終戦後あちこちに売っていたポークビーンズの缶詰など見るのも嫌だ、と言っておりました。彼女は子供の頃から親しんだ鹿児島料理をこよなく愛していて、その味が頭の中で年々美化されていったらしく、私がいくら作っても、樺山の家の方がおいしかったと言って、認めてくれませんでした。

＊

今のように世界中、また全国津々浦々、おいしいおかずが町に溢れている時代に育つ子供達は、いったいどんな味覚を

同じく、別荘の居間で、友人たちと酒を酌み交わす次郎さん

軽井沢の別荘のテラスで、友人たちと食事を楽しむ正子さん

持った大人になるのかちょっと心配です。

父は子供の頃、にんじんは体に良いからと食べるのを強要されたせいか、生涯にんじんが嫌いでした。豆腐も、彼が育った家での通説だったのか、ちょっと人様に言えないような理由で口にしませんでした。

そのせいか、私が小さい時から、食べなくては駄目だというようなことを誰かが私に言いますと、父は、「ほっとけ。（無理強いすると）嫌いになるぞ」とよく言ってくれました。そのおかげでしょう、私には嫌いなものがまったくありません。

そんな父でしたが、コーヒーは子供には良くないという理由で、私の息子には飲むことを決して許しませんでした。そのためか彼は、今でもコーヒーが嫌いです。そういう私も、彼が小さい時に、ちょっと古い生の玉ねぎを食べさせてしまい、それ以来彼は生の玉ねぎが嫌いになってしまいました。

晩年太りぎみになって来た父が、昔のどこか異国での思い出なのか、大きなオムレツを食べながらシャンパンを飲みたい、としばしば言っておりました。私はなんだか面倒で、そんな食事をしたらまた太るよと言い、とうとう食べさせてあげなかったのが、今では心残りです。

１９４８（昭和23）年　次郎46歳、正子38歳
次郎、商工省の外局であった貿易庁長官に就任。商工省の改組を推し進め、翌年、通産産業省が設置される。

１９５１（昭和26）年　次郎49歳、正子41歳
次郎、東北電力会長に就任。また、サンフランシスコ講和会議に首席全権委員顧問として出席。正子、『梅若實聞書』を能楽書林より刊行。

１９５３（昭和28）年　次郎51歳、正子43歳
正子、能面を求めて各地を旅する。

１９５６（昭和31）年　次郎54歳、正子46歳
正子、銀座「こうげい」の経営にあたる。

１９５７（昭和32）年　次郎55歳、正子47歳
正子、『お能の見かた』を東京創元社より、『韋駄天夫人』をダヴィッド社より刊行。

１９５９（昭和34）年　次郎57歳、正子49歳
次郎、東北電力会長を退任。以後、荒川水力発電会長、大沢商会会長等を歴任、大洋漁業、日本テレビの社外役員、S・G・ウォーバーグ顧問等を務める。

１９６４（昭和39）年　次郎62歳、正子54歳
正子、西国三十三ヵ所観音巡礼の旅に出る。

１９７１（昭和46）年　次郎69歳、正子61歳
正子、『かくれ里』を新潮社より刊行。

１９７６（昭和51）年　次郎74歳、正子66歳
次郎、軽井沢ゴルフ倶楽部常務理事に就任（１９８２年より理事長）。晩年までポルシェ911などの車を乗り回す。

１９８５（昭和60）年　次郎83歳、正子75歳
秋、夫妻で京都へ旅行。帰宅して数日後の11月28日、次郎逝去。

１９９４（平成６）年　正子84歳
正子、『白洲正子自伝』を新潮社より刊行。

１９９８（平成10）年　正子88歳
12月26日、正子逝去。

２００１（平成13）年
『白洲正子全集』を新潮社より刊行開始（全14巻／別巻１、02年9月完結）。10月、旧白洲邸「武相荘」を記念館として開館。

ヨーロッパへの船上で食卓につく白洲夫妻（右端2つ目のテーブル）

白洲次郎・正子　略年譜

１９０２（明治35）年
２月17日、次郎、父文平、母芳子の次男として兵庫県芦屋に生まれる。

１９１０（明治43）年　　次郎８歳
１月７日、正子、父樺山愛輔、母常子の次女として東京市麹町区（現・千代田区）に生まれる。

１９１６（大正５）年　　次郎14歳、正子６歳
正子、梅若流の二代目梅若實に入門、能を習い始める。

１９１９（大正８）年　　次郎17歳、正子9歳
次郎、神戸一中を卒業、英国のケンブリッジ大学クレア・カレッジに入学。

１９２４（大正13）年　　次郎22歳、正子14歳
正子、学習院女子部初等科（中期）を修了、米国ニュージャージー州のハートリッジ・スクールに入学。

１９２８（昭和３）年　　次郎26歳、正子18歳
次郎、イギリスから帰国。正子、アメリカから帰国。この年、二人は知り合う。

１９２９（昭和４）年　　次郎27歳、正子19歳
11月、次郎と正子、結婚。父文平から贈られたランチア・ラムダで新婚旅行。

１９３１（昭和６）年　　次郎29歳、正子21歳
長男春正誕生。次郎、セール・フレーザー商会取締役に就任。この頃から数年間、次郎の仕事の関係でたびたび海外へ行く。

１９３７（昭和12）年　　次郎35歳、正子27歳
次郎、日本食糧工業（後の日本水産）取締役に就任。

１９３８（昭和13）年　　次郎36歳、正子28歳
次男兼正誕生。

１９４０（昭和15）年　　次郎38歳、正子30歳
長女桂子誕生。

１９４２（昭和17）年　　次郎40歳、正子32歳
鶴川村能ヶ谷に茅葺き屋根の農家を買う。武蔵と相模の国境いにあることと、無愛想をもじって「武相荘」と命名。

１９４３（昭和18）年　　次郎41歳、正子33歳
鶴川村に転居。正子、『お能』を昭和刊行会より刊行。

１９４５（昭和20）年　　次郎43歳、正子35歳
5月より河上徹太郎夫妻、白洲家に疎開（以後2年間滞在）。8月15日、終戦。次郎、終戦連絡中央事務局参与（翌年、次長）に就任。以後、占領期間中GHQとの交渉にあたる。

１９４６（昭和21）年　　次郎44歳、正子36歳
GHQ作成の新憲法総司令部案が日本政府に手交され、次郎、その場に立ち会い、ホイットニー准将宛に「ジープ・ウェイ・レター」を送る。小林秀雄、武相荘を訪問。正子、青山二郎に出会い、骨董の世界に没入。

著者略歴

牧山桂子 まきやま・かつらこ

一九四〇年、白洲次郎・正子夫妻の長女として、東京で生まれる。二〇〇一年十月、旧白洲邸「武相荘」を記念館としてオープンさせ、現在に至る。

撮影　野中昭夫
装幀　熊谷智子

白洲《しらす》次郎《じろう》・正子《まさこ》の食卓《しょくたく》

発行　二〇〇七年一月二五日
一刷　二〇二三年七月一五日

著者　牧山桂子《まきやまかつらこ》
発行者　佐藤隆信
発行所　株式会社新潮社
〒一六二・八七一一　東京都新宿区矢来町七十一
電話　編集部　〇三・三二六六・五六一一
　　　読者係　〇三・三二六六・五一一一
https://www.shinchosha.co.jp
印刷所　凸版印刷株式会社
製本所　大口製本印刷株式会社

乱丁・落丁本は、ご面倒ですが小社読者係宛お送り下さい。
送料小社負担にてお取替えいたします。
価格はカバーに表示してあります。

ISBN978-4-10-303751-4　C0077